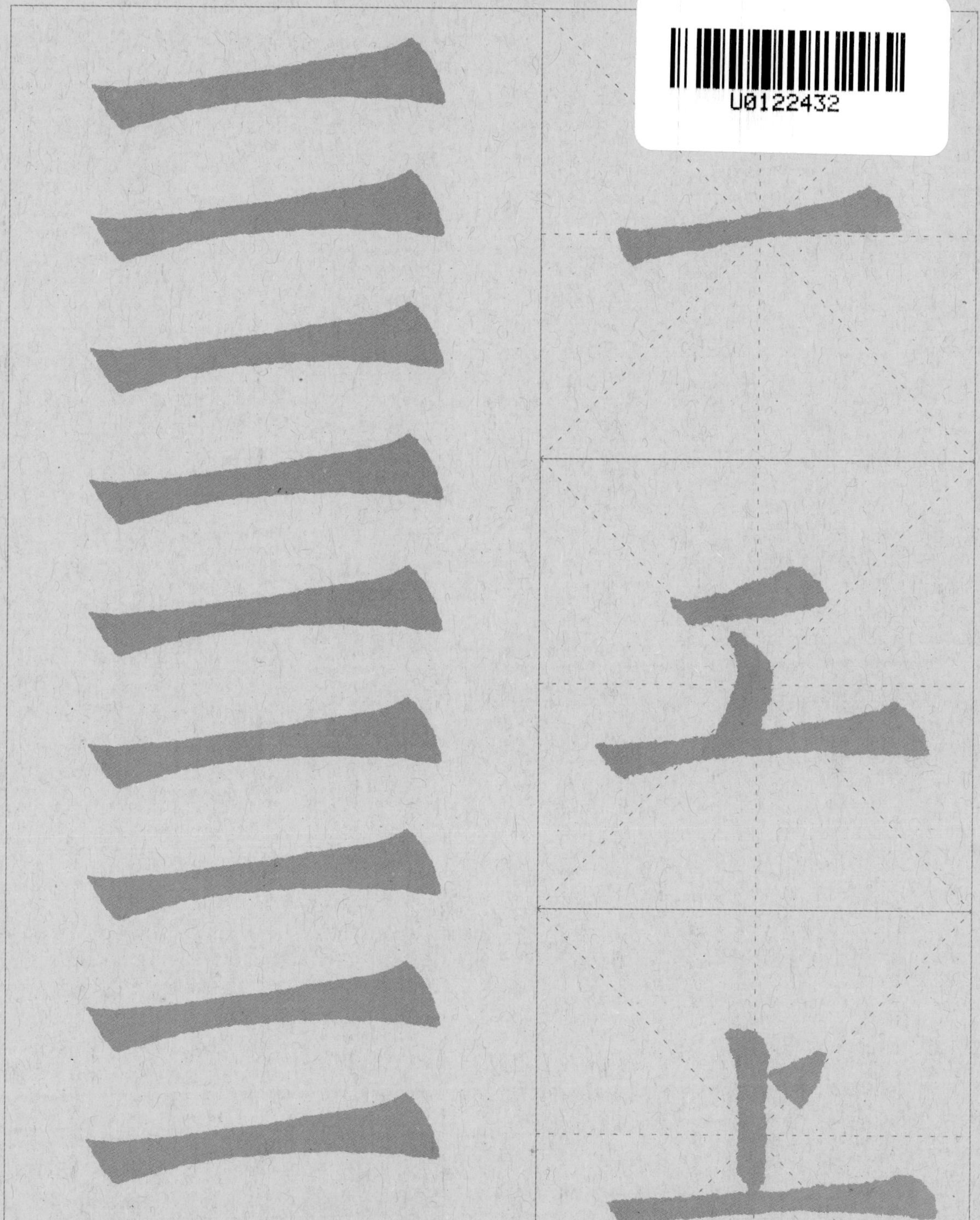

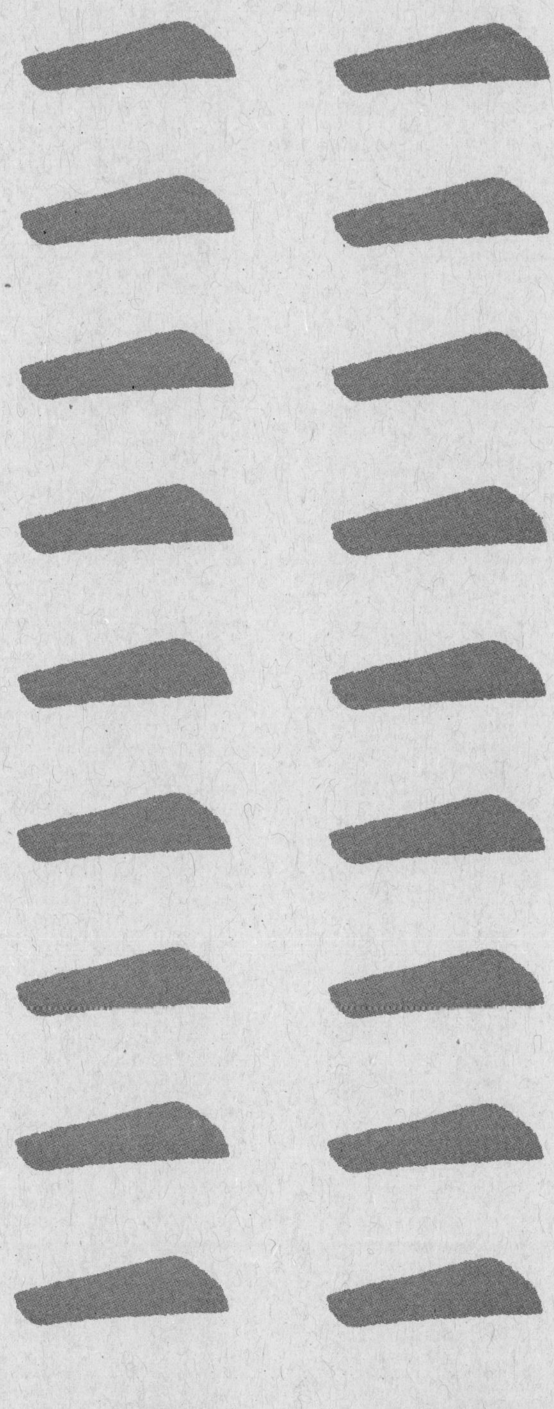

二

三

五

丨丨丨

丨丨丨

丨丨丨

下

中

井

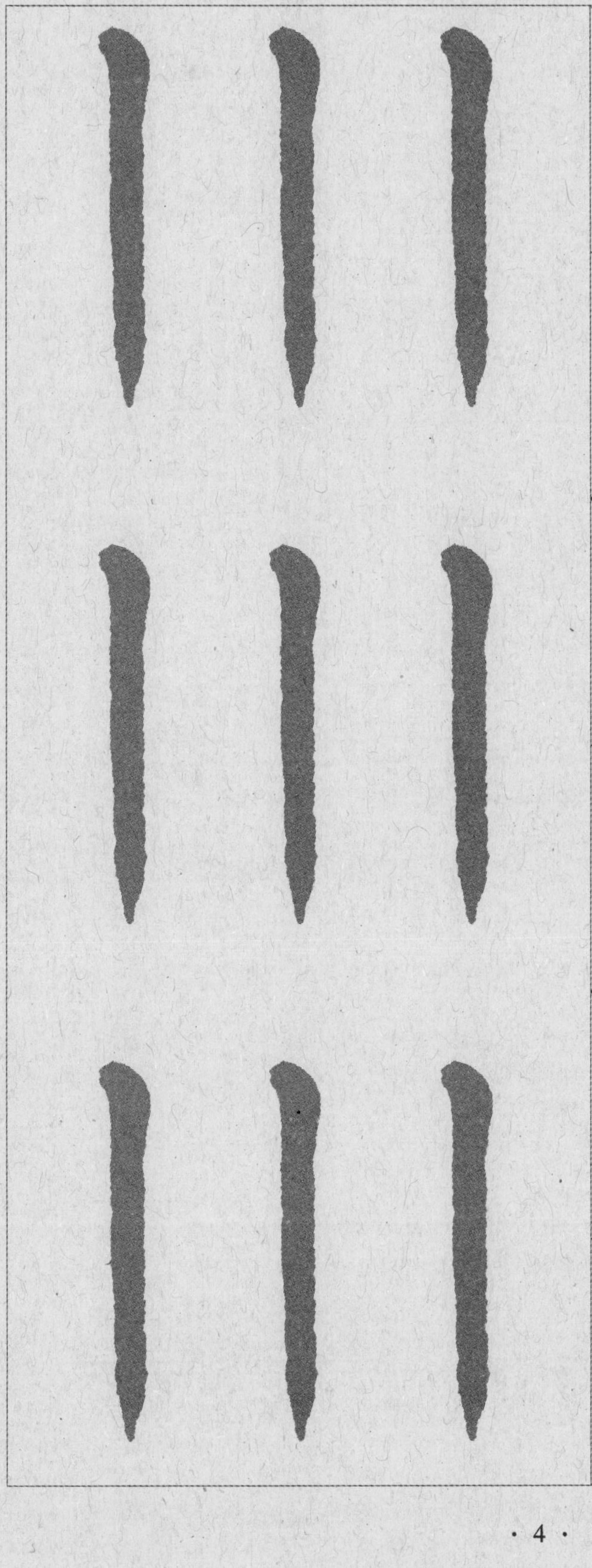

千

南

年

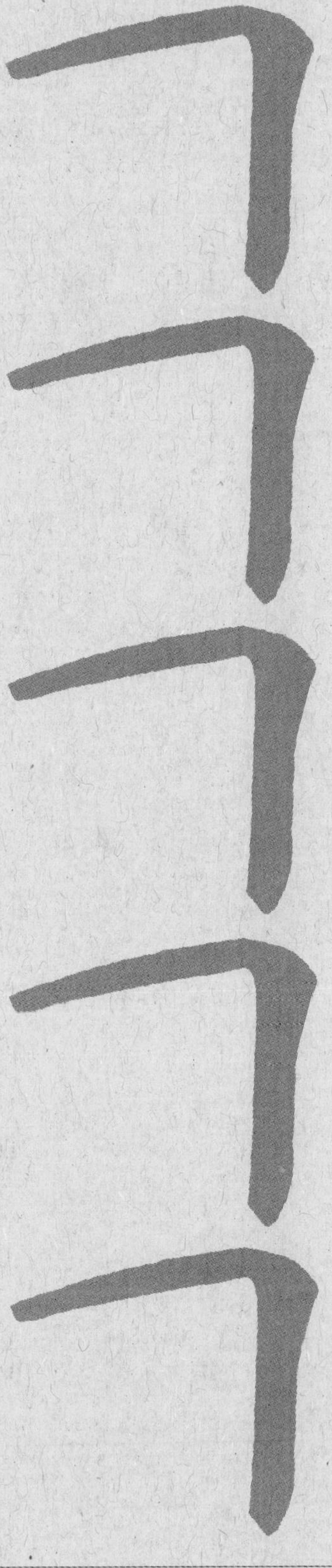

曰

田

四

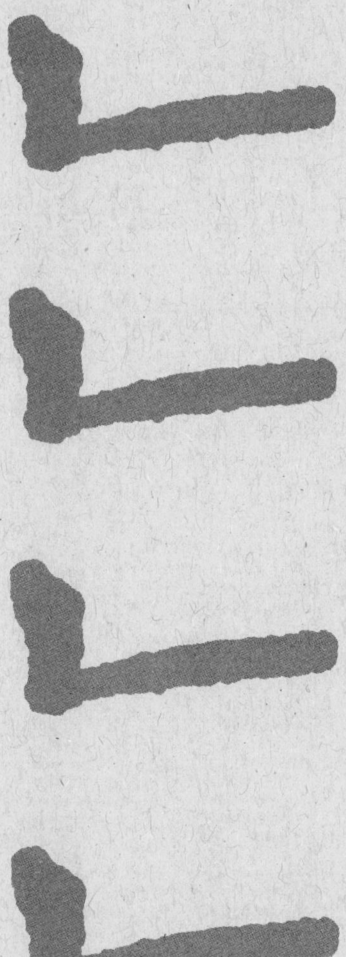

山

出

每

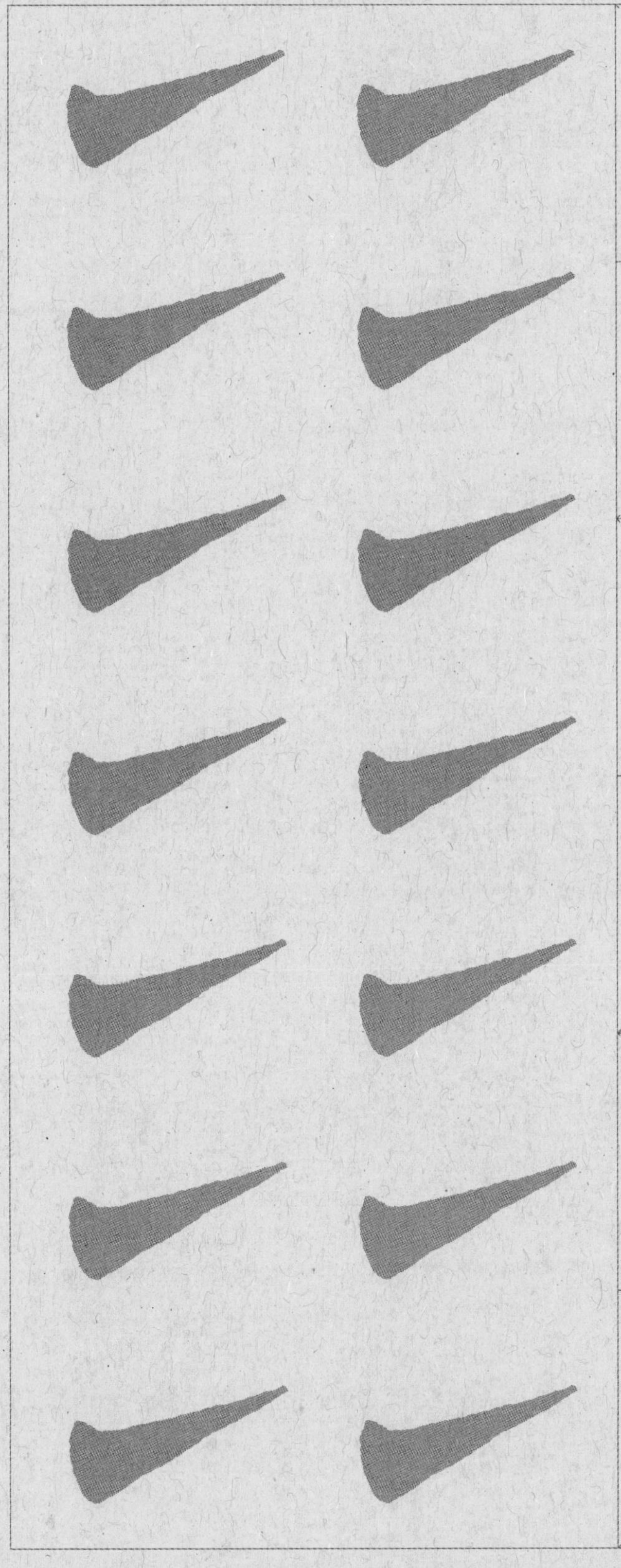

北

取

拉

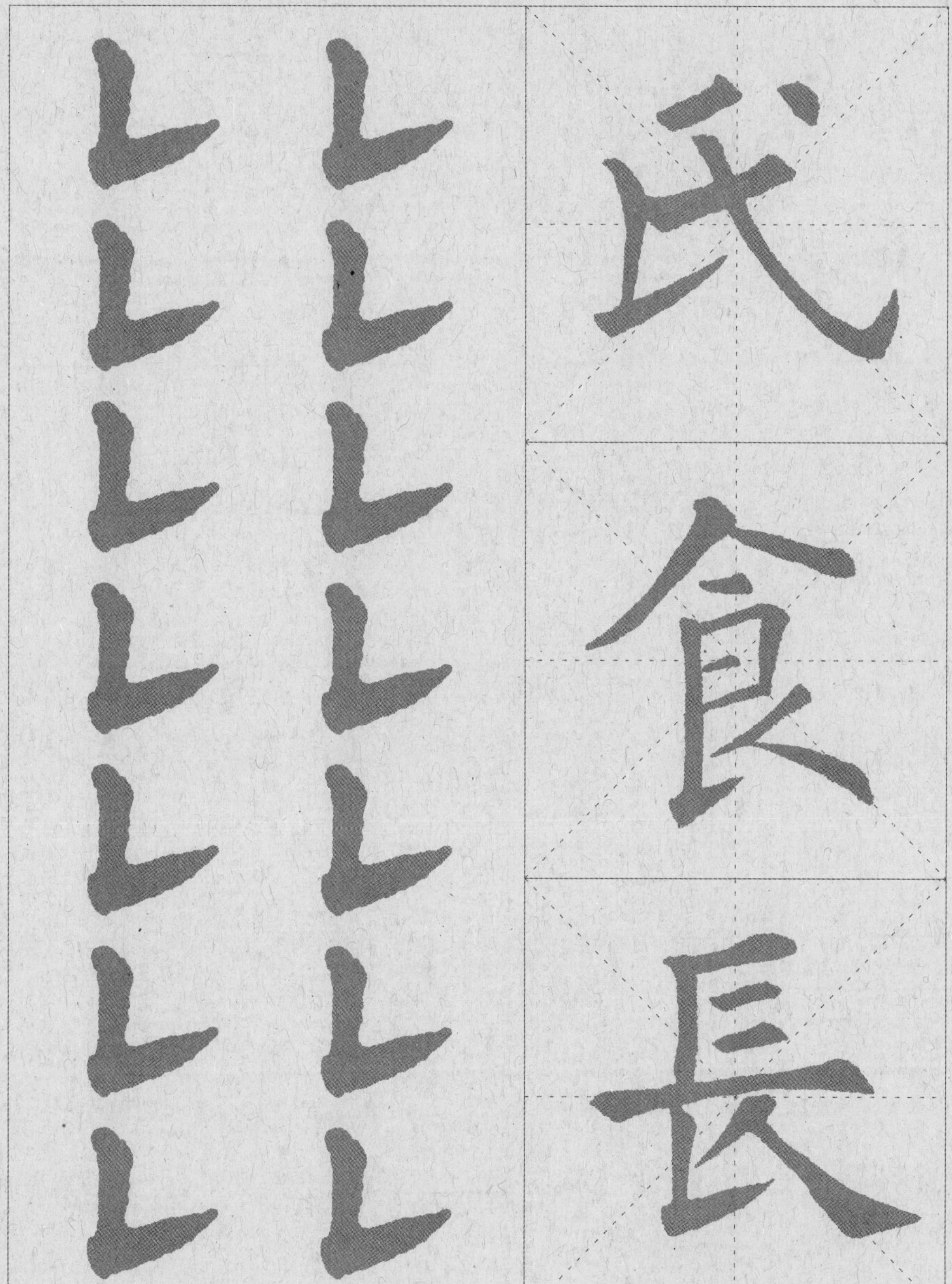
氏
食
長

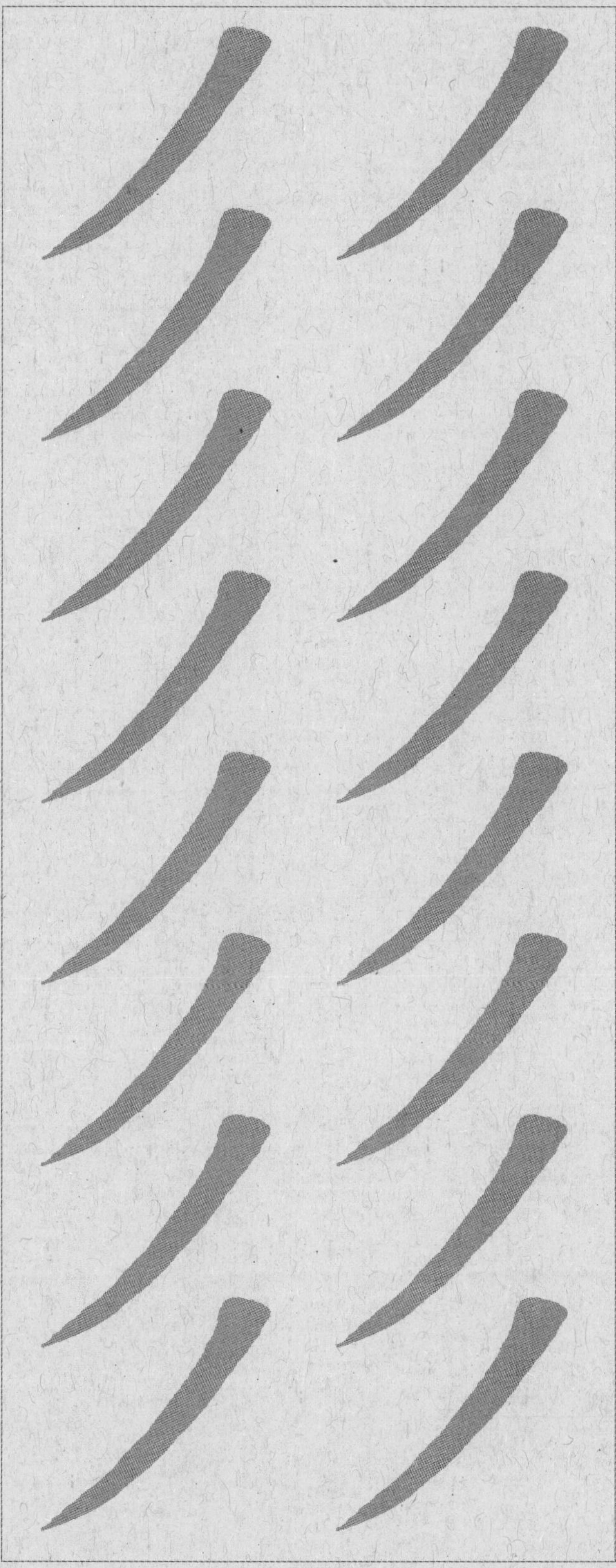

在

石

者

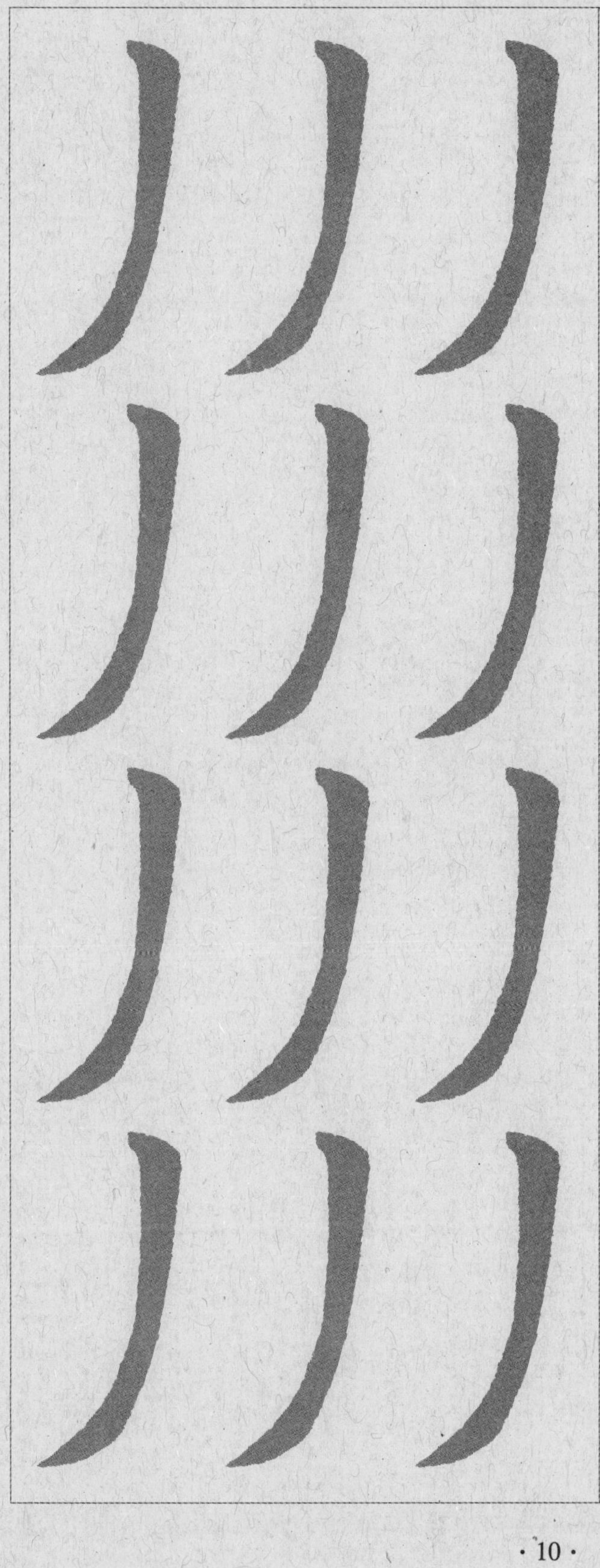

大

史

月

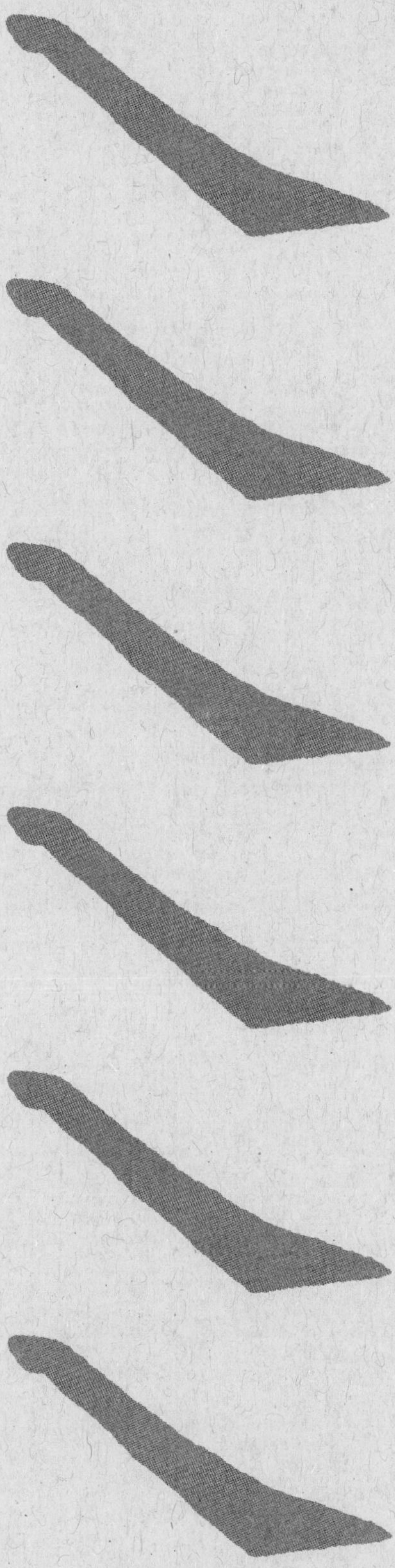

人

夫

本

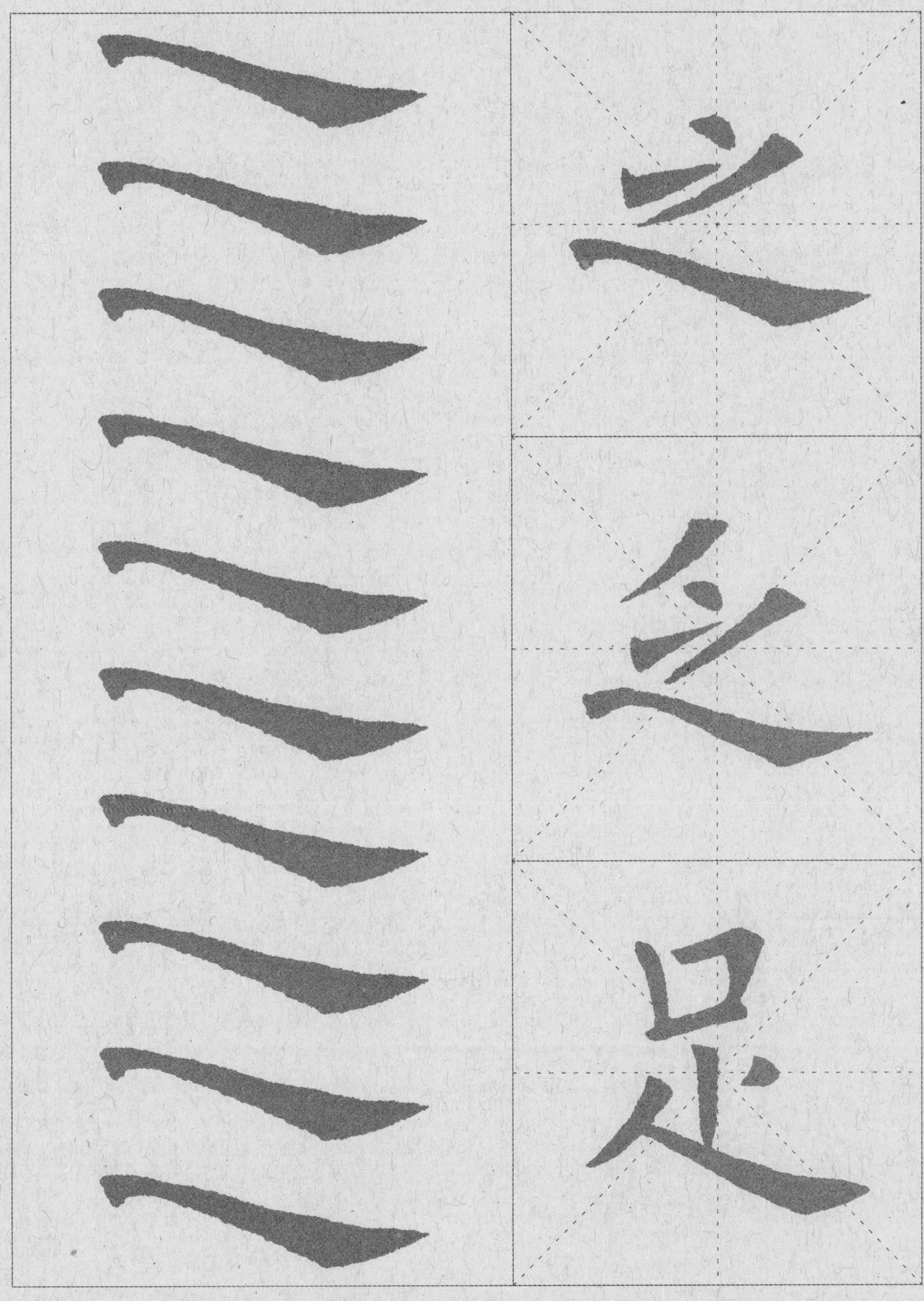
之
足

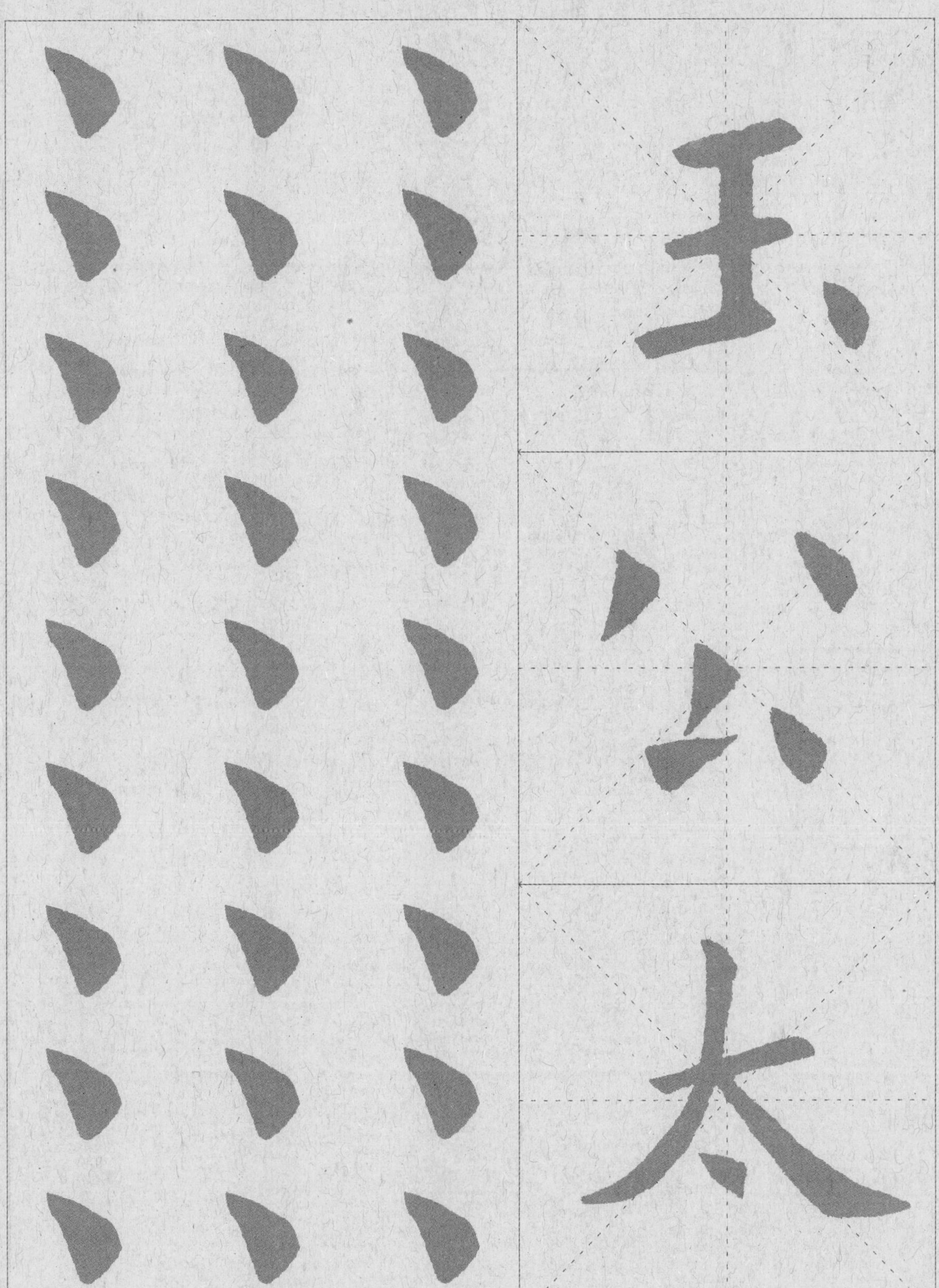

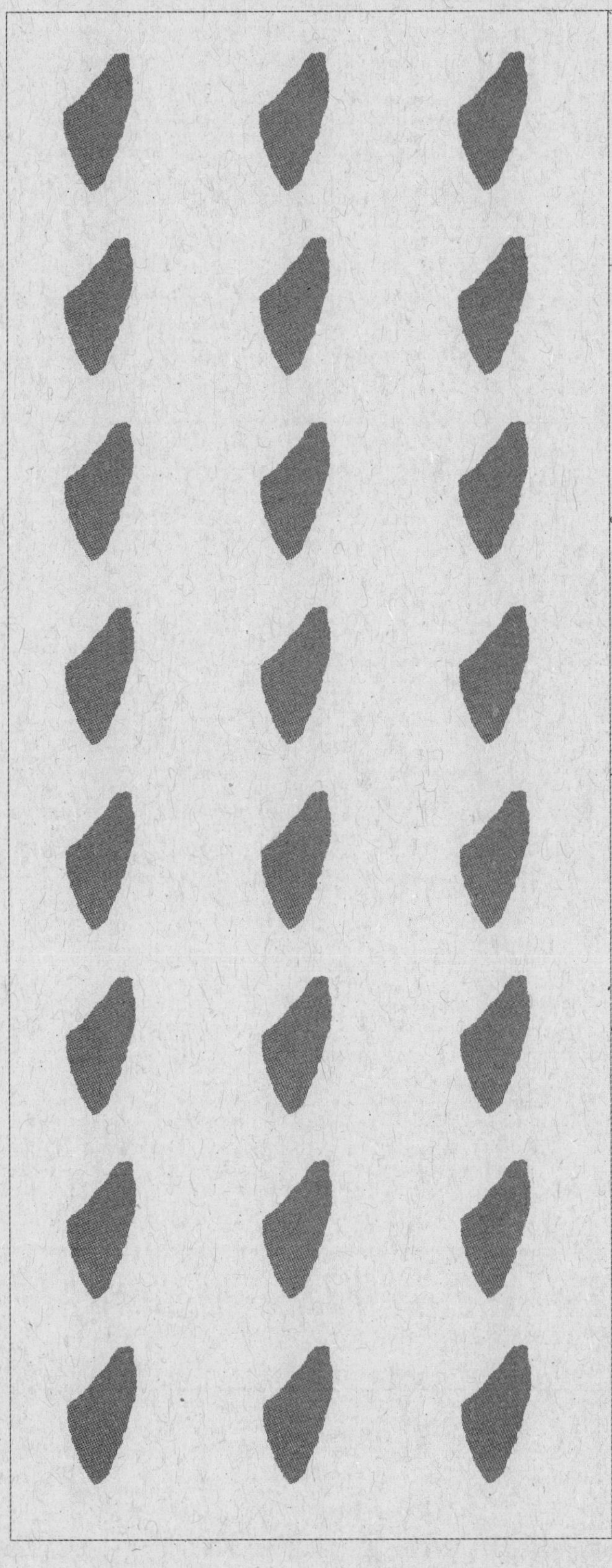

京

怡

善

言

並

文

以

来

将

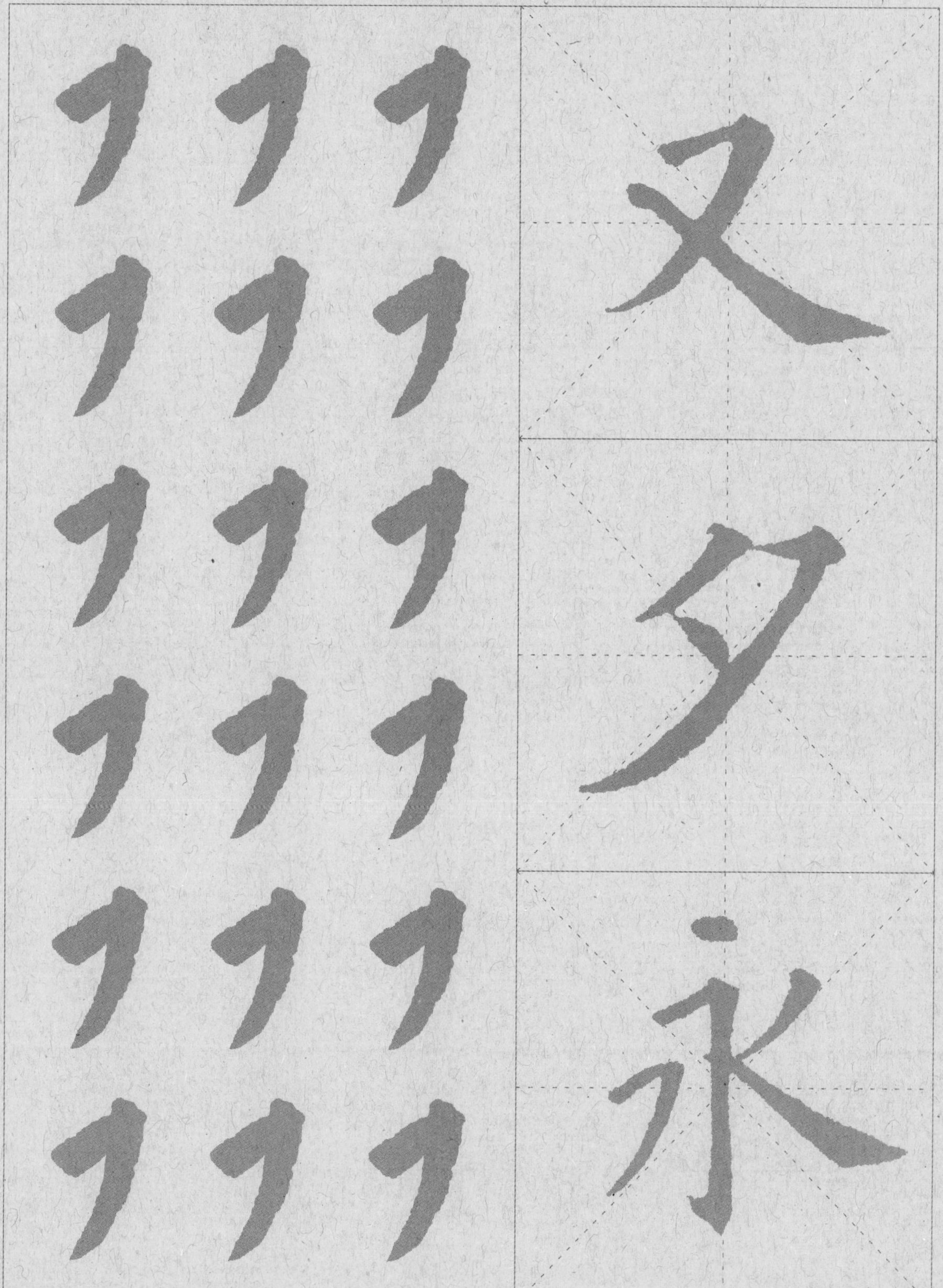
又
夕
永

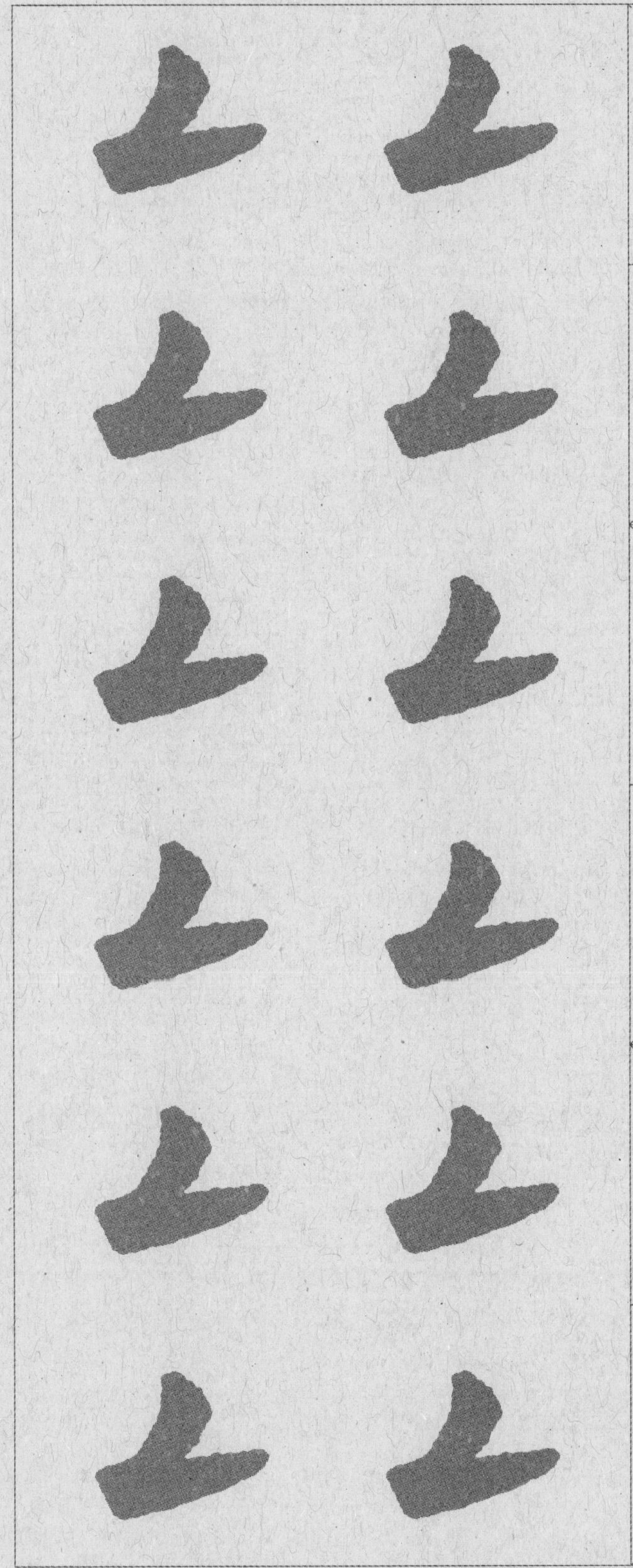

至

玄

絰

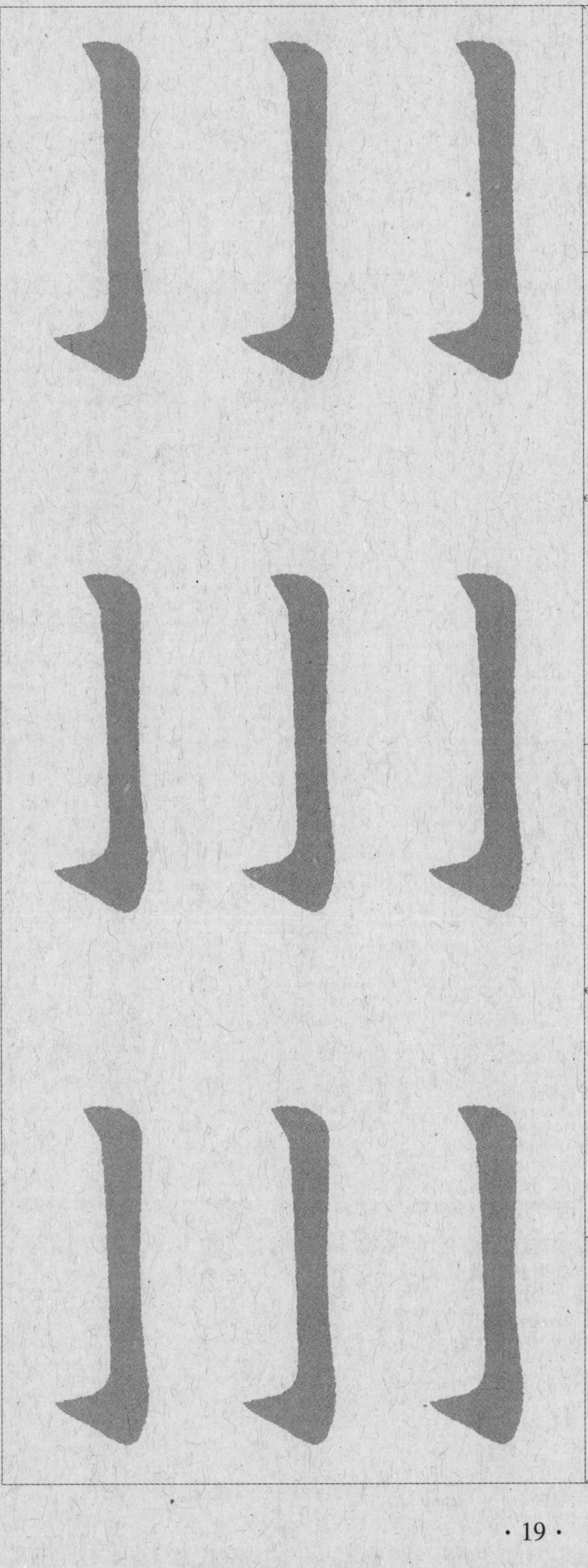

可

事

東

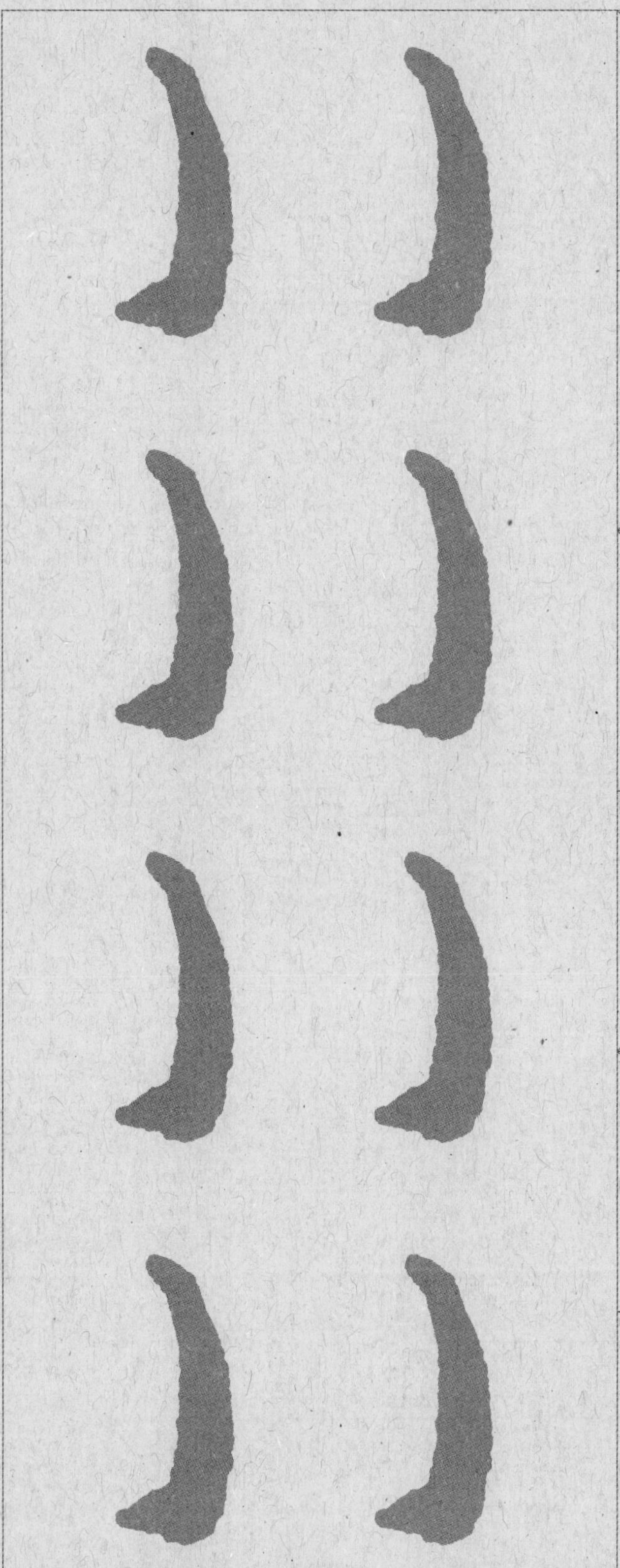

手

子

字

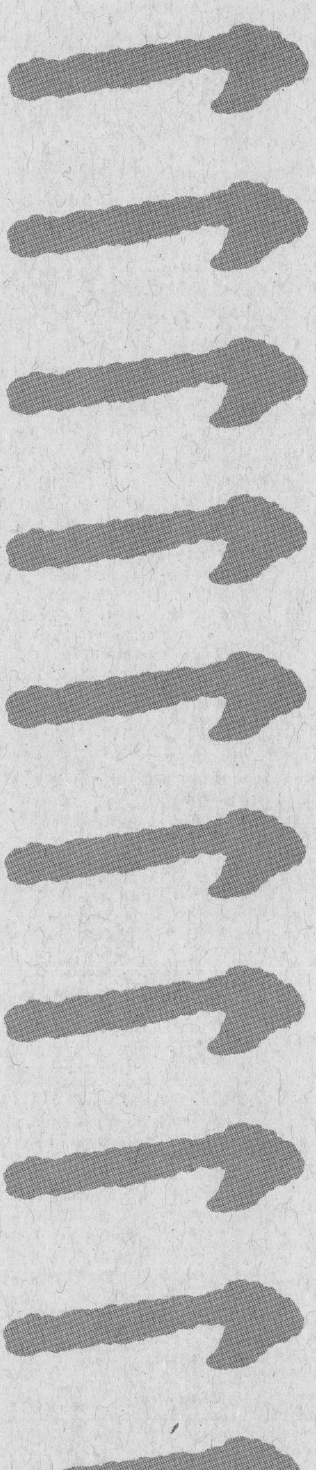

沉

波

家

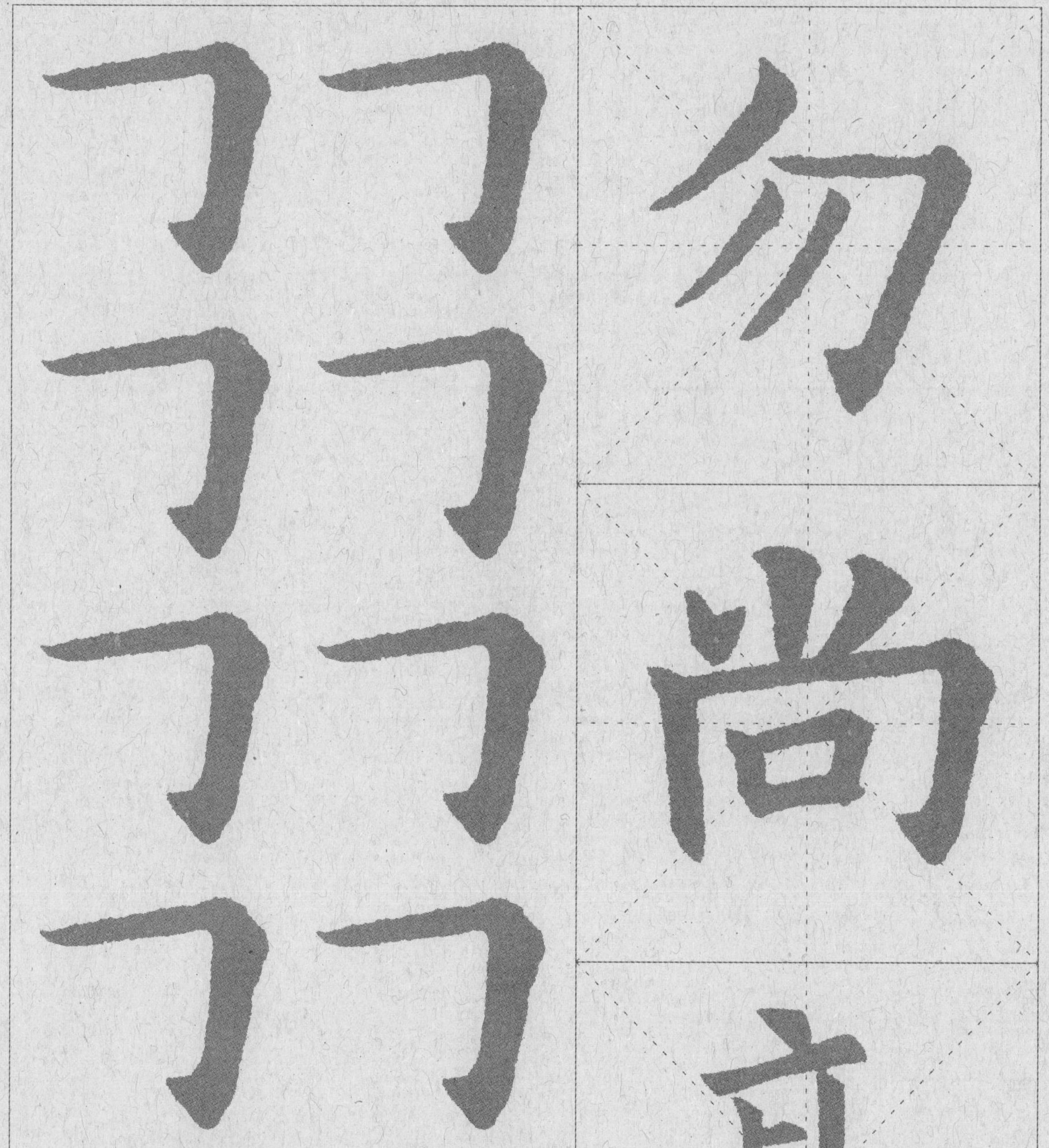
勿
尚
高

心

必

思

元

光

色

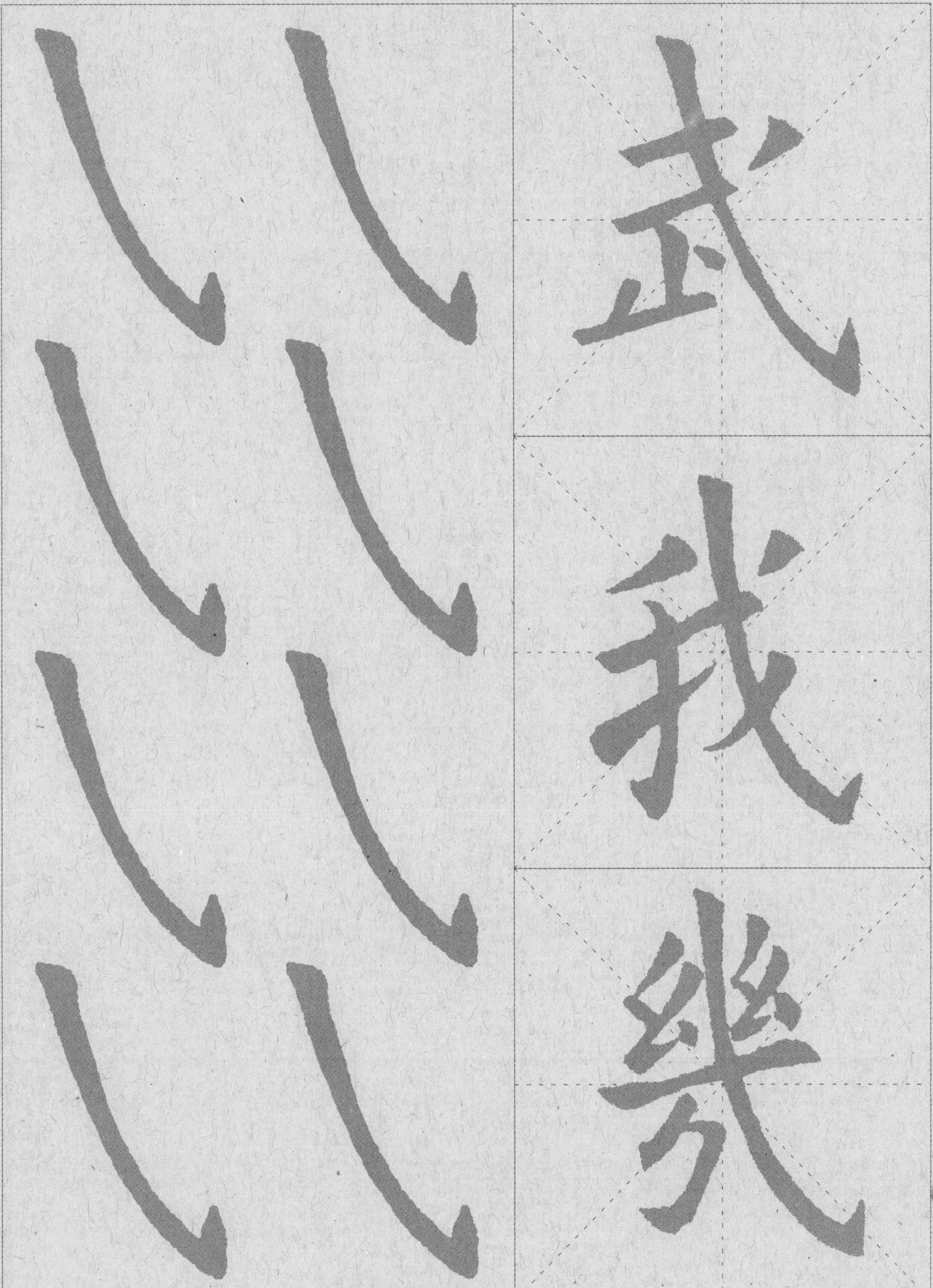
武
我
幾

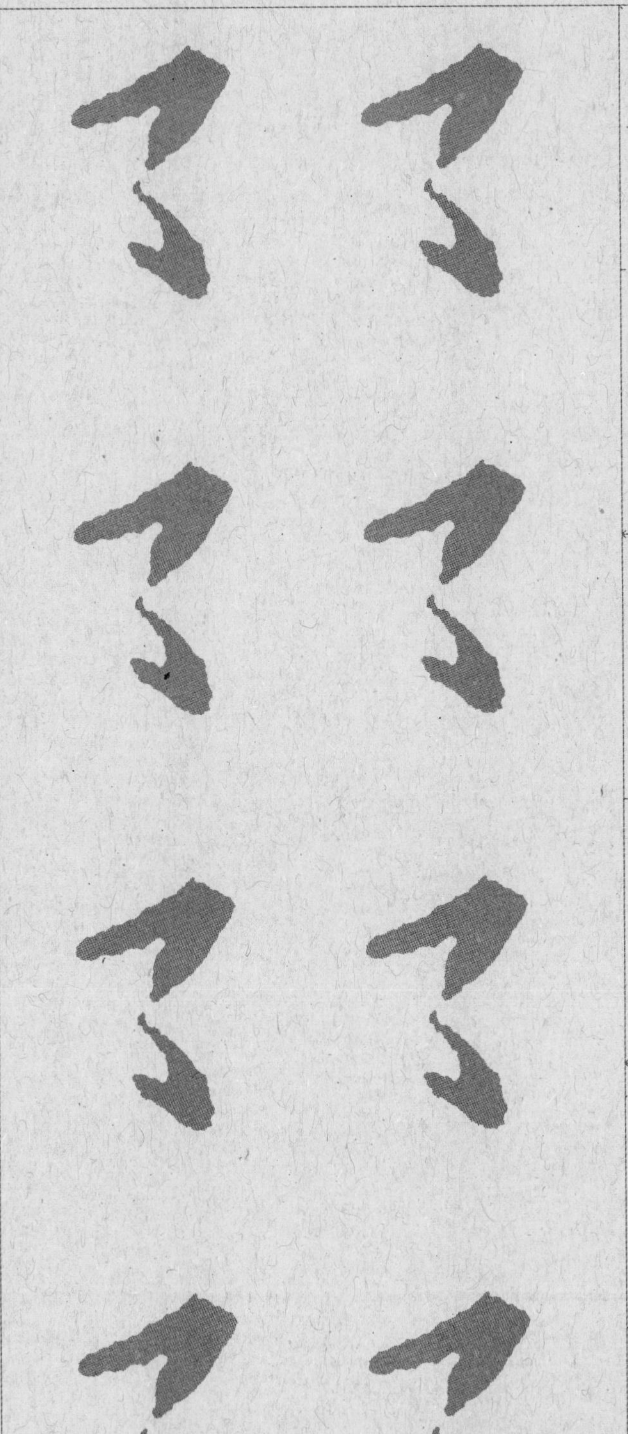

陽

陳

廊